AF410106

PAPE FRANÇOIS

Antiquum ministerium

Lettre Apostolique
sous la forme de Motu Proprio
établissant le
Ministère de Catéchiste

LIBRERIA
EDITRICE
VATICANA

© Copyright 2021 - Libreria Editrice Vaticana
00120 Città del Vaticano
Tel. 06.698.45780
E-mail: commerciale.lev@spc.va

ISBN 978-88-266-0630-9

www.vatican.va

www.libreriaeditricevaticana.va

1. Le ministère de Catéchiste dans l'Église est très ancien. Les théologiens s'entendent pour dire que les premiers exemples se trouvent déjà dans les écrits du Nouveau Testament. Le service de l'enseignement trouve sa forme initiale chez « ceux qui ont charge d'enseigner » à qui l'Apôtre se réfère en écrivant à la communauté de Corinthe: « Parmi ceux que Dieu a placés ainsi dans l'Église, il y a premièrement des apôtres, deuxièmement des prophètes, troisièmement ceux qui ont charge d'enseigner ; ensuite, il y a les miracles, puis les dons de guérison, d'assistance, de gouvernement, le don de parler diverses langues mystérieuses. Tout le monde évidemment n'est pas apôtre, tout le monde n'est pas prophète, ni chargé d'enseigner ; tout le monde n'a pas à faire des miracles, à guérir, à dire des paroles mystérieuses, ou à les interpréter. Recherchez donc avec ardeur les dons les plus grands » (*1 Co* 12, 28-31).

Luc ouvre son Évangile en attestant : « C'est pourquoi j'ai décidé, moi aussi, après avoir recueilli avec précision des informations concernant tout ce qui s'est passé depuis le début, d'écrire pour toi, excellent Théophile, un exposé suivi, afin que tu te rendes bien compte de la solidité des enseignements que tu as entendus » (*Lc* 1, 3-4). L'évangéliste semble bien conscient qu'avec ses écrits, il fournit une forme spécifique d'enseignement qui permet de donner solidité et force à ceux qui ont déjà reçu le baptême. L'Apôtre Paul revient sur le sujet lorsqu'il recommande aux Galates : « Celui qui reçoit l'enseignement de la Parole doit donner, à celui qui la lui transmet, une part de tous ses biens » (*Ga* 6,6). Comme on le remarque, le texte ajoute une particularité fondamentale: la communion de vie comme caractéristique de la fécondité de la véritable catéchèse reçue.

2. Dès ses débuts, la communauté chrétienne a fait l'expérience d'une forme répandue de ministérialité qui s'est concrétisée dans le service des hommes et des femmes qui, obéissants à l'action de l'Esprit saint, ont consacré leur vie à l'édification de l'Église. Les charismes que l'Esprit n'a jamais cessé de répandre sur les baptisés, ont parfois trouvé

une forme visible et tangible de service direct de la communauté chrétienne dans ses nombreuses expressions, au point d'être reconnu comme une diaconie indispensable pour la communauté. L'apôtre Paul s'en fait un interprète autorisé lorsqu'il atteste : « Les dons de la grâce sont variés, mais c'est le même Esprit. Les services sont variés, mais c'est le même Seigneur. Les activités sont variées, mais c'est le même Dieu qui agit en tout et en tous. À chacun est donnée la manifestation de l'Esprit en vue du bien. À celui-ci est donnée, par l'Esprit, une parole de sagesse ; à un autre, une parole de connaissance, selon le même Esprit ; un autre reçoit, dans le même Esprit, un don de foi ; un autre encore, dans l'unique Esprit, des dons de guérison ; à un autre est donné d'opérer des miracles, à un autre de prophétiser, à un autre de discerner les inspirations ; à l'un, de parler diverses langues mystérieuses ; à l'autre, de les interpréter. Mais celui qui agit en tout cela, c'est l'unique et même Esprit : il distribue ses dons, comme il le veut, à chacun en particulier » (*1 Co* 12, 4-11).

Dans la grande tradition charismatique du Nouveau Testament, il est donc possible de reconnaître la présence active de baptisés qui ont exercé le mi-

nistère de la transmission sous une forme plus organique, permanente et liée aux différentes circonstances de la vie, de l'enseignement des Apôtres et
des Évangélistes (cf. Conc. œcum. Vat. II, Const.
dogm. *Dei Verbum*, n. 8). L'Église a voulu reconnaître ce service comme une expression concrète du
charisme personnel qui a beaucoup favorisé l'exercice de sa mission évangélisatrice. Le regard sur la
vie des premières communautés chrétiennes qui se
sont engagées dans la diffusion et le développement
de l'Évangile, engage aujourd'hui encore l'Église à
comprendre quelles peuvent être les nouvelles expressions par lesquelles continuer à rester fidèle à la
Parole du Seigneur pour faire parvenir son Évangile
à toute créature.

3. Toute l'histoire de l'évangélisation de
ces deux millénaires montre très clairement à
quel point la mission des catéchistes a été efficace. Évêques, prêtres et diacres, avec beaucoup
d'hommes et de femmes de vie consacrée, ont
dédié leur vie à l'enseignement catéchétique afin
que la foi devienne un soutien valable à l'existence
personnelle de tout être humain. Certains ont également rassemblé autour d'eux d'autres frères et

sœurs qui, dans le partage du même charisme, ont constitué des ordres religieux totalement dévoués à la catéchèse.

Nous ne pouvons pas oublier l'innombrable multitude de laïcs qui ont pris part directement à la diffusion de l'Évangile par l'enseignement catéchétique. Hommes et femmes animés d'une grande foi, et authentiques témoins de sainteté qui, dans certains cas, ont été aussi fondateurs d'Églises, au point même de donner leur vie. Aujourd'hui encore, de nombreux catéchistes compétents et tenaces sont à la tête de communautés dans différentes régions et exercent une mission irremplaçable dans la transmission et l'approfondissement de la foi. La longue lignée de bienheureux, de saints et de martyrs catéchistes qui a marqué la mission de l'Église mérite d'être connue parce qu'elle constitue une source féconde non seulement pour la catéchèse, mais pour toute l'histoire de la spiritualité chrétienne.

4. Depuis le Concile œcuménique Vatican II, l'Église a senti avec une conscience renouvelée l'importance de l'engagement du laïcat dans l'œuvre d'évangélisation. Les Pères conciliaires

ont souligné à maintes reprises combien il est nécessaire pour la « *plantatio Ecclesiae* » et le développement de la communauté chrétienne d'impliquer directement les fidèles laïcs dans les différentes formes par lesquelles leur charisme peut s'exprimer. « Elle est aussi digne d'éloges cette armée qui a si bien mérité de l'œuvre des missions auprès des nations, celle des catéchistes hommes et femmes qui, pénétrés d'esprit apostolique, apportent par leurs lourds labeurs un concours singulier et absolument nécessaire en vue de la diffusion de la foi et de l'expansion de l'Église. De nos jours, vu que pour évangéliser de si grandes multitudes et pour exercer le ministère pastoral il n'y a qu'un petit nombre de clercs, la fonction des catéchistes a une très grande importance » (Conc. œcum. Vat. II, Décret *Ad gentes* n. 17).

Avec le riche enseignement conciliaire, il est nécessaire de faire référence à l'intérêt constant des Souverains Pontifes, du Synode des Évêques, des Conférences épiscopales et des pasteurs individuels qui, au cours de ces décennies, ont imprimé un renouveau remarquable à la catéchèse. Le *Catéchisme de l'Église Catholique*, l'Exhortation apostolique *Catechesi tradendae*, le *Directoire catéchétique général*, le *Directoire gé-*

néral pour la catéchèse, le récent *Directoire de la catéchèse*, ainsi que de nombreux catéchismes nationaux, régionaux et diocésains, sont une expression de la valeur centrale de l'œuvre catéchétique qui met au premier plan l'instruction et la formation permanente des croyants.

5. Sans rien enlever à la mission propre de l'Évêque qui est d'être le premier catéchiste de son diocèse, avec son presbyterium qui partage avec lui la même charge pastorale, ni à la responsabilité particulière des parents à l'égard de la formation chrétienne de leurs enfants (cf. CIC c. 774 §2 ; CCEO c. 618), il est nécessaire de reconnaître la présence de laïcs qui, en vertu de leur baptême, se sentent appelés à collaborer au service de la catéchèse (cf. CIC c. 225 ; CCEO c. 401, 406). Cette présence devient encore plus urgente de nos jours en raison de la prise de conscience renouvelée de l'évangélisation dans le monde contemporain (cf. Exhort. ap. *Evangelii gaudium*, nn. 163-168), et en raison de l'émergence d'une culture globalisée (cf. Lett. enc. *Fratelli tutti*, n. 100. 138), qui exige une rencontre authentique avec les jeunes générations, sans oublier la nécessité de méthodologies et

d'outils créatifs qui rendent l'annonce de l'Évangile compatible avec la transformation missionnaire que l'Église a entreprise. Fidélité au passé et responsabilité pour le présent sont les conditions indispensables pour que l'Église puisse accomplir sa mission dans le monde.

Éveiller l'enthousiasme personnel de tout baptisé, et raviver la conscience d'être appelé à accomplir sa mission dans la communauté, exige d'écouter la voix de l'Esprit dont la présence féconde ne manque jamais (cf. CIC c. 774 §1 ; CCEO c. 617). Aujourd'hui encore, l'Esprit appelle des hommes et des femmes à se mettre en chemin pour aller à la rencontre de ceux qui attendent de connaître la beauté, la bonté et la vérité de la foi chrétienne. Il est de la tâche des pasteurs de soutenir ce chemin et d'enrichir la vie de la communauté chrétienne par la reconnaissance de ministères laïcs capables de contribuer à la transformation de la société par la « pénétration des valeurs chrétiennes dans le monde social, politique et économique » (*Evangelii gaudium*, n. 102).

6. L'apostolat laïc possède une indiscutable valeur séculière. Il demande de « chercher le royaume de Dieu en gérant les affaires temporelles et en

les ordonnant selon Dieu » (CONC. ŒCUM. VAT. II, Const. dogm. *Lumen gentium*, n. 31). Leur vie quotidienne est tissée de relations familiales et sociales qui permettent de vérifier comment « ils sont spécialement appelés à rendre l'Église présente et agissante dans les lieux et les situations où elle ne peut être le sel de la terre que par eux » (*Lumen gentium*, n. 33). Il convient toutefois de rappeler qu'au-delà de cet apostolat, « les laïcs peuvent de surcroit être appelés de diverses manières à apporter une collaboration plus immédiate à l'apostolat de la hiérarchie, à la manière de ces hommes et de ces femmes qui secondaient l'apôtre Paul dans la proclamation de l'Évangile, et qui peinaient lourdement dans le Seigneur » (*Lumen gentium*, n. 33).

La fonction particulière accomplie par le Catéchiste, cependant, est spécifiée dans d'autres services présents dans la communauté chrétienne. Le Catéchiste, en effet, est appelé tout d'abord à exercer sa compétence dans le service pastoral de la transmission de la foi qui se développe à différentes étapes: de la première annonce qui introduit au *Kérygme*, à l'instruction qui fait prendre conscience de la vie nouvelle dans le Christ et prépare en particulier aux sacrements de l'initiation chrétienne, jusqu'à la formation permanente qui permet à tout baptisé d'être toujours prêt à « répondre à quiconque demande de rendre raison de l'espérance qui est en vous » (*1 P* 3, 15). Le Catéchiste est en même temps témoin de la foi, maître et mystagogue, accompagnateur et pédagogue qui instruit au nom de l'Église. Une identité que seulement à travers la prière, l'étude et la participation directe à la vie de la communauté peut se développer avec cohérence et responsabilité (cf. Conseil Pontifical pour la Promotion de la Nouvelle Évangélisation, *Directoire de la catéchèse*, n. 113).

7. Avec clairvoyance, saint Paul VI a promulgué la Lettre apostolique *Ministeria quaedam* dans l'intention non seulement d'adapter au moment historique qui avait changé le ministère du Lecteur et de l'Acolyte (cf. Lett. ap. *Spiritus Domini)*, mais aussi de solliciter les Conférences épiscopales afin qu'elles promeuvent d'autres ministères, dont celui de Catéchiste : « Au-delà de ces offices communs de l'Église latine, rien n'empêche les Conférences épiscopales d'en demander d'autres au Siège Apostolique, si, pour des raisons particulières, elles en jugent l'institution nécessaire ou très utile dans leur région. Sont de cette

sorte, par exemple, les offices *de Portier, d'Exorciste* et de *Catéchiste* ». La même invitation pressante est revenue dans l'Exhortation apostolique *Evangelii nuntiandi* lorsque, demandant de savoir lire les exigences actuelles de la communauté chrétienne dans la continuité fidèle avec les origines, elle exhortait à trouver de nouvelles formes ministérielles pour une pastorale renouvelée : « De tels ministères, nouveaux en apparence, mais très liés à des expériences vécues par l'Église tout au long de son existence — par exemple ceux de Catéchètes (…) sont précieux pour l'implantation, la vie et la croissance de l'Église et pour sa capacité d'irradier autour d'elle et vers ceux qui sont au loin » (SAINT PAUL VI, Exhort. ap. *Evangelii nuntiandi*, n. 73).

On ne peut donc nier que « la conscience de l'identité et de la mission du laïc dans l'Église s'est accrue. Nous disposons d'un laïcat nombreux, bien qu'insuffisant, avec un sens communautaire bien enraciné et une grande fidélité à l'engagement de la charité, de la catéchèse et de la célébration de la foi » (*Evangelii gaudium*, n. 102). Il s'ensuit que la réception d'un ministère laïc, comme celui de catéchiste, met davantage l'accent sur l'engagement missionnaire typique de chaque baptisé qui doit néanmoins être accompli sous une forme entièrement séculière sans tomber dans aucune expression de cléricalisation.

8. Ce ministère a une forte valeur vocationnelle qui requiert un discernement adéquat de la part de l'évêque et qui est mis en évidence par le Rite de l'Institution. Il s'agit, en effet, d'un service stable rendu à l'Église locale en fonction des exigences pastorales identifiées par l'Ordinaire du lieu, mais accompli de manière laïque comme l'exige la nature même du ministère. Il est bon que pour le ministère institué du Catéchiste soient appelés des hommes et des femmes de foi profonde et de maturité humaine, qui aient une participation active à la vie de la communauté chrétienne, capables d'accueil, de générosité et d'une vie de communion fraternelle, qu'ils reçoivent une formation biblique, théologique, pastorale et pédagogique, nécessaire afin d'être des communicateurs attentifs de la vérité de la foi, et qu'ils aient déjà acquis une expérience préalable de catéchèse (cf. CONC. ŒCUM. VAT. II, Décret *Christus Dominus*, n. 14; CIC c. 231 §1 ; CCEO c. 409 §1). Il est aussi requis qu'ils soient de fidèles collaborateurs des prêtres et des diacres, disposés à exercer le ministère là où cela sera nécessaire, et

qu'ils soient animés par un véritable enthousiasme apostolique.

Par conséquent, après avoir examiné tous les aspects, en vertu de l'autorité Apostolique

**j'institue
le ministère laïc de Catéchiste.**

La Congrégation pour le Culte Divin et la Discipline des Sacrements veillera, dans les plus brefs délais, à publier le Rite d'Institution du ministère laïc de Catéchiste.

9. J'invite donc les Conférences épiscopales à rendre le ministère de catéchiste effectif, en établissant l'*iter* de formation nécessaire et les critères normatifs pour y accéder, en trouvant, pour le service qu'ils seront appelés à accomplir, les formes les plus cohérentes à ce qui est exprimé par cette Lettre apostolique.

10. Les Synodes des Églises Orientales et les Assemblées des Hiérarques pourront recevoir ce qui est

ici établi pour leurs Églises *sui juris* respectives, sur la base de leur droit particulier.

11. Que les pasteurs ne cessent de s'approprier l'exhortation des Pères conciliaires lorsqu'ils rappelaient : « Ils savent qu'ils n'ont pas été institués par le Christ pour assumer à eux seuls toute la mission salvifique de l'Église à l'égard du monde, mais que leur charge éminente consiste à être les pasteurs des fidèles du Christ et à reconnaître leurs services et leurs charismes de façon à ce que tous, chacun à sa manière, coopèrent unanimement à l'œuvre commune. » (*Lumen Gentium*, n. 30). Que le discernement des dons que l'Esprit Saint ne retire jamais à son Église, soit pour eux le soutien nécessaire pour rendre effectif le ministère de catéchiste en vue de la croissance de leur communauté.

Ce qui est établi par cette Lettre apostolique en forme de « Motu proprio », j'ordonne que ce soit appliqué de manière ferme et stable, nonobstant toute chose contraire, même digne d'une mention spéciale, et que ce soit promulgué par publication dans *L'Osservatore Romano*, entrant en vigueur le même jour, et ensuite publiée dans le bulletin officiel des *Acta Apostolicae Sedis*.

Donné à Rome, près de Saint Jean de Latran, le 10 mai 2021, en la mémoire liturgique de saint Jean d'Avila, prêtre et docteur de l'Église, neuvième année de mon pontificat.

Francisco